"Pages actuelles"
(1914-1916)

La Paix Religieuse

PAR

Henri JOLY

de l'Académie des Sciences Morales et Politiques

BLOUD et GAY, Éditeurs

7, PLACE SAINT-SULPICE, PARIS

La Paix Religieuse

"Pages actuelles"
(1914-1916)

La Paix
Religieuse

PAR

Henri JOLY

de l'Académie des Sciences Morales et Politiques

PARIS

BLOUD & GAY, Éditeurs

7, PLACE SAINT-SULPICE, 7

—

1916

La Paix Religieuse

Beautés de la paix
qui vient de régner dans les âmes françaises
Nécessité de la paix de demain

Il ne s'agit pas ici de s'abandonner à des effusions, si émouvantes et si justifiées qu'elles puissent être, sur l'espoir de conserver la France unie dans la paix comme elle va l'être jusqu'au bout dans la guerre avec l'ennemi du dehors. Tout le monde a été d'accord pour admirer l'élan parfaitement sincère avec lequel toutes les classes de la société, toutes les professions, tous les partis, toutes les croyances ont marché au-devant du péril et ont « tenu » sans que nulle difficulté les décontenançât. Rien ne dit que le péril héréditaire ne renaîtra pas, comme il a pu renaître après Iéna. Heureusement, le peuple français, si divisé soit-il ou paraisse-t-il être, n'oublie jamais ce qu'il doit à l'amour de la patrie commune et aux exigences de son bon cœur — sans parler de son incompressible besoin de bonne humeur et de gaieté. Espérons fermement qu'il se souviendra désormais de l'année 1914-1915, comme il se souvient périodiquement des grands artisans de la paix nationale et de la victoire, de Jeanne d'Arc, d'Henri IV, du Premier

Consul. Ce sont là autant de phares qui ne s'éteindront plus et qui nous apprendront à éviter de nouveaux écueils.

Malheureusement, les intervalles pendant lesquels on cesse de voir ces phares ou (ce qui revient à peu près au même) de les regarder et de se guider sur eux se prolongent quelquefois beaucoup. N'attendons pas qu'on s'attache trop exclusivement aux intérêts économiques, aux ruines matérielles à relever, aux nouveaux impôts à discuter, aux entreprises industrielles à remanier, aux cadres administratifs à simplifier. A coup sûr, toutes ces tâches sont urgentes et elles sont belles et il faut bien espérer qu'elles nous aideront à conjurer les divisions inutiles. Si, toutefois, nous ne voulons pas qu'elles soient compromises par des procédés politiques trop vieillis et par des expédients empiriques décevants, si surtout nous ne voulons pas laisser se dissiper à tous les vents les magnifiques résultats de notre union sacrée, ne convient-il pas de faire confiance à un large essor de la liberté et de la justice égales pour tous? car le peuple français voudra toujours, par de là les intérêts, suivre les idées et les servir. Pour cela, il nous faut la paix à l'atelier, il nous faut la paix à la campagne, la paix entre ouvriers et patrons, entre petits et grands propriétaires, la paix entre les différents groupes de producteurs, entre agriculteurs et industriels, et ainsi de suite. Pourquoi? Parce que là on sait qu'assurer la paix, c'est libérer le besoin naturel que l'homme a de produire et de créer; c'est lui rendre plus facile une action concertée avec ceux qu'il lui est loisible de choisir et de garder comme coopérateurs. Mais troubler la paix dans les consciences, dans l'exercice des droits de la foi et de sa compagne inséparable, la charité, c'est déchaîner le plus néfaste des conflits, celui où les énergies les plus tendues ne réussissent qu'à se neutraliser les unes les autres. On ne veut alors ni du bon, ni du meilleur, du moment où il est pratiqué ou proposé par ceux que l'on combat souvent sans savoir pourquoi. On encourage le mal et le plus mal et le pire pour soutenir ceux dont on a épousé la haine aveugle dans le seul but de nier sans être à même de rien affirmer, de détruire sans être à même d'y substituer rien de réel et de durable. Puis, un trop grand nombre d'hommes, nés cependant pour l'action, se découragent. Malgré les leçons venues de tant d'échecs, ils acceptent peu à peu, de guerre lasse, ces essais d'accaparement et de monopole, ces réglementations oppressives et stérilisantes où l'on se décharge trop volontiers sur une action impersonnelle de tout ce qui n'intéresse pas le plaisir et la tranquillité.

Quelles sont donc les principales altérations qu'a pu subir, à des époques plus ou moins rapprochées de nous, la paix religieuse? Où sont les causes réelles et surtout les causes factices du conflit? Quelles leçons y a-t-il à tirer, pour tout le monde, de l'étude des conditions dans lesquelles la paix religieuse a été ici compromise et là rétablie? C'est bien là, semble-t-il, ce qu'il y a lieu d'observer de près dès aujourd'hui.

Qu'est-ce qui, dans le passé, a le plus troublé la paix religieuse?

Dans les temps passés, la paix religieuse a été souvent troublée, mais d'une manière assez différente de celle que nous voyons sévir aujourd'hui. C'était dans l'intérieur même de l'Église que les schismes et les hérésies se faisaient la guerre, et une guerre dont les répercussions s'étendaient quelquefois très loin. Tantôt l'hérésie voulait attenter aux lois naturelles ou sociales ou nationales fermement voulues par l'ensemble du pays : telle l'hérésie anarchiste des Albigeois; telle encore, disons-le sans insister, la petite république calviniste, qui, pour mieux assurer ses succès, pactisait trop volontiers avec l'étranger; ceci amenait, comme on sait, la grande majorité des Français à tenir plus énergiquement que jamais, armes en mains, à cette partie des lois fondamentales du royaume qui exigeaient un souverain catholique. Tantôt l'action compressive, si mal vue d'un peuple frondeur, venait de ceux qui gouvernaient l'Église et encore plus de ceux qui, avec une jalousie intéressée, veillaient à ce que cette unité consolidât et resserrât de plus en plus l'unité de l'État : alors, c'était l'État même qui cherchait à convertir et tout autrement que par la persuasion. Beaucoup d'hommes représentant à la fois l'Église et l'État adhéraient donc à la politique de Louis XIV. Se disaient-ils qu'en fait le roi servait les intérêts spirituels et passaient-ils sur les moyens employés, pour ne considérer que les résultats immédiats? Ou bien, sujets fidèles et très obéissants, entendaient-ils simplement respecter tout ce que le chef de l'État décidait comme il l'entendait, sous son autorité propre et sous sa propre responsabilité? C'était sans doute pour ces deux raisons, mêlées toutefois en des proportions qui variaient beaucoup. La résistance provoquée n'en détermina pas moins une guerre, dont les suites n'ont profité chez nous ni à ceux qui entendaient surtout servir la religion, ni à ceux qui entendaient surtout soutenir les intérêts de l'unité monarchique (1).

De ces divers groupes de motifs qui ont déchaîné autrefois des guerres religieuses, aucun, dans les temps actuels, ne semble subsister dans les pays nos proches voisins et dans le nôtre. Non! nous n'avons point à craindre que, chez nous, catholiques et protestants, luthériens et calvinistes et autres protestants profondément divisés entre eux, acharnés les uns contre les autres, se combattent de manière à troubler la paix publique, comme Grecs unis et Grecs orthodoxes, sans compter mainte autre secte, y inclinent encore en d'autres régions. Ces dernières Églises voient dans les passions confessionnelles des signes (et autant des effets que des causes) de la diversité des

____

(1) Ne serait-ce point à cette occasion qu'a été imaginé et propagé le mot : « travailler pour le roi de Prusse » ? C'est en tout cas bien vraisemblable.

races, de la diversité des ambitions politiques, de la diversité des alliances à chercher dans un pays protecteur ou dans un autre, sans parler des inimitiés contractées de longue date contre une puissance voisine tenue pour oppressive. Dans notre occident, et encore plus dans le nord du nouveau monde, l'affermissement de l'indépendance nationale et l'affermissement de la liberté politique tendent de plus en plus à fortifier l'amour et l'habitude de tous les genres de liberté, là surtout où aucun intérêt matériel ne vient en contrarier le goût.

<h2 style="text-align:center">L'esprit religieux
sera aujourd'hui ce qui rapproche plus que
ce qui divise</h2>

En s'isolant ainsi de mainte passion adventice, le sentiment religieux perd-il de sa force ? En apparence, peut-être. Mais on peut alors en dire ce que saint François de Sales dit quelque part de la jalousie en amitié ou en amour, à savoir qu'il ne faut pas confondre, comme il dit, « la grosseur » avec la qualité du sentiment affectueux. Liée au zèle religieux, la passion politique lui communique à coup sûr quelque chose de plus ardent et surtout de plus agité ; mais quand il ne cherche qu'en lui-même (1) l'aliment de son feu et de sa force, il en devient plus pur ; comme tout métal débarrassé des éléments étrangers, il en devient aussi plus résistant, parce qu'il est moins « cassant ». Sans aucune espèce de paradoxe, on peut dire qu'en France les gens les plus foncièrement religieux, les hommes prenant leur religion le plus au sérieux sont ceux qui, dans la diversité de leurs croyances particulières, se respectent le plus les uns les autres. Les récents événements, tout le monde l'a vu, ont également développé le sentiment patriotique et le sentiment religieux. Les épreuves du premier ont été pour le second l'occasion d'un admirable essor ; mais, à son tour, c'est bien le réveil du sentiment religieux qui a si largement communiqué à la vaillance française cet esprit de dévouement prompt et complet, cette ténacité dans l'espoir et cette patience, cette véritable fraternité enfin dont la source, à n'en pas douter, gît au plus profond de la foi. Sans doute, c'est un préjugé fort répandu que le scepticisme seul est tolérant et que toute croyance se jugeant certaine de ce qu'elle affirme est nécessairement intolérante, agressive et dominatrice. Qu'on prenne le contre-pied de cette banale formule et on sera beaucoup plus près de la vérité.

En tout cas, les différentes religions acclamées en France à l'heure présente — et en y comprenant de grand cœur « la religion de la patrie » — ont vu ce qu'elles ont de fondamental et d'universel tellement ennobli, tellement « exalté » — dans le bon sens du

____

(1) Et, bien entendu, dans ce qu'il y trouve de divin.

mot — par l'élan désintéressé des âmes, que chacun
a beaucoup mieux senti ce qui rapproche que ce qui
sépare. Ceux qui, aux débuts de l'automne, revenaient
du fond de leur campagne à Paris, furent frappés de
lire sur tant de devantures de magasin, à côté de
l'indication : « Fermé pour la mobilisation du patron
et des employés (1) — absents pour toute la durée de
la guerre », ces mots ou imprimés ou écrits soit à
l'encre, soit à la craie : « Vive la France! » Il y a
quelques années à peine, ce cri était interprété comme
une sorte de refus de crier : Vive la République. En
certaines occasions, dont on ne doit pas avoir perdu
le souvenir, peu s'en fallut qu'on ne le considérât
comme séditieux. En août 1914, voulut-on opposer la
France à la République? Absolument pas! Personne
n'y pensa. Sans mot d'ordre, sans entente, tous ces
hommes prêts à partir presque à l'improviste se
trouvèrent spontanément et instantanément d'accord
pour penser que le mot de France enveloppait tous
les partis ou plutôt qu'il ne pouvait plus être question
d'aucun d'eux. Que dire des mois qui ont suivi? Ce
que si noblement en dit M. Barthou (2) : « Ceux qui
ont vu la mort estiment plus sagement la vie et la
valeur de ses disputes : l'union au combat a créé des
sympathies morales profondes dont le pouvoir se
reconnaîtra dans les discussions à venir. La jeunesse
revenue du combat fera la guerre à la haine, à la politique méchante des factions et des coteries. Les
jeunes gens qui ont combattu côte à côte, proches de

(1) Cette double mention était déjà significative et touchante.
(2) Cité dans la plupart des journaux du 22 mars 1915.

la mort, ont reconnu l'âme française dans les yeux les uns des autres. Ils se sont sentis frères et ils ne se haïront plus. »

Ainsi l'adhésion enthousiaste à ce qui est commun a, pour un instant, fait oublier les dissidences. Les autorités juives et protestantes ont envoyé aux cardinaux français l'expression émue de leur indignation contre le sac et le bombardement des églises; on a vu un rabbin porter le Christ à baiser à un soldat catholique agonisant. De tels exemples ont été, Dieu merci, nombreux. Sans doute, on ne pourra pas ne pas penser aux dissidences, et toute cause tenant à sauvegarder ses intérêts, moraux ou matériels, sera toujours obligée de préciser ses frontières; mais en présence de ce qui sépare, il y aura toujours à opter entre deux méthodes : ou creuser le fossé et lancer sur l'autre rive tout ce qu'on peut trouver d'armes blessantes, ou chercher à l'aplanir, pour arriver un jour à le combler, et, en attendant, ménager de chaque côté des communications pacifiques, utiles pour les uns comme pour les autres. Entre ces deux méthodes, ni les vrais apôtres, ni les saints, ni surtout leur Maître éternel n'ont hésité. Ceux qui ont bâti les premières églises les ont, certes, distinguées des temples des idoles; mais le soin avec lequel ils ont presque partout adopté, béni et consacré ce qu'ils trouvaient de beau et d'expressif dans les sanctuaires païens, peut être pris légitimement comme symbole de la largeur de leur méthode de propagande et de conversion.

Non! si la paix religieuse qui nous est si nécessaire était menacée, elle ne le serait pas dans des luttes d'Eglise à Eglise, de croyance à croyance. Dans notre domaine colonial, qui — avec les hypothèses les moins favorables — ne pourra sortir de la guerre que fortifié et agrandi, la même observation s'impose, et elle y apparaît même de grande importance. Nos musulmans de l'Afrique du Nord et du Sénégal n'ont plus, contre les catholiques français, en tant que catholiques, la même animosité. Bien des fois, on m'a fait toucher du doigt et expliqué en Tunisie a survivance de ces sentiments de sympathie qu'ils sont heureux d'entretenir avec ceux qui croient du moins à un même Dieu et à la série des prophètes... antérieurs à Mahomet. Tant qu'ils ne se sentent pas assez forts pour se voir par là même investis d'une mission de conquête (et c'est là la réserve qu'il faut toujours faire attentivement), ils ont une sorte de bienveillance protectrice pour les chrétiens qui ont conservé comme une partie de leurs traditions. Ceux-là, disent-ils, ne sont pas allés jusqu'au bout; il leur manque de croire à celui qui a couronné à La Mecque l'œuvre commencée à Jérusalem; mais enfin, comme disait un Arabe à un dominicain de mes amis, « toi et moi nous sommes les enfants d'un même père ». Au moment des fêtes de Pâques, je demandais dans les rues de Tunis quels étaient les sentiments des indigènes devant de grosses affiches ambulantes représentant les scènes de la Passion et annonçant une représentation cinématographique. Les connaisseurs me répondaient : le sentiment qu'ils éprouvent est un sentiment de commisération et de bienveillance; car savez-vous ce qu'ils reprochent le plus aux juifs? Sans doute, le grief économique est, à tout prendre, le plus vif, mais un Arabe un peu instruit s'indignera toujours que les juifs aient maltraité le prophète Jésus. Aussi, malgré la communauté des origines ethniques, malgré la communauté de beaucoup d'usages et, en particulier, de l'écriture, les musulmans de l'Afrique du Nord se sentent-ils beaucoup plus rapprochés de nous..., surtout quand nous prenons notre religion aussi au sérieux qu'ils prennent la leur. Qu'un Français éminent, fût-il ancien ministre, essaie de démontrer à un Arabe que, lui, n'est ni chrétien ni musulman et qu'il n'accepte aucune religion, tout simplement son interlocuteur lui tourne le dos. C'est l'ancienne Excellence elle-même qui l'a raconté.

L'opinion française, quand elle pense au démembrement de l'Empire ottoman, se préoccupe tout de suite de la Syrie. C'est une contrée où, chacun le sait, la France était, avant l'emprise allemande, très aimée et très populaire. Le serait-elle encore autant si, à la place des religieux et des religieuses qui y abondaient comme on sait, on n'y voyait plus un jour que des fonctionnaires, aussi jaloux de la neutralité, aussi épris de pure laïcité qu'ils le sont et surtout qu'ils tiennent à le paraître dans la métropole ? Les personnes compétentes diront non, sans hésiter. De telle sorte que, pour maintenir entre la population musulmane de Syrie et la France une paix aussi franche, aussi amicale que par le passé, notre gouvernement n'aurait rien de mieux à faire que de laisser la route largement ouverte au retour des dominicains, des jésuites, des carmélites, des frères des Ecoles chrétiennes, des sœurs de Saint-Vincent-de-Paul et autres congrégations si appréciées sur tous les flancs du Liban et de son domaine islamique. Bref, si la paix religieuse se voyait de nouveau menacée dans l'ancienne France ou dans la nouvelle, ce ne serait certainement pas du fait des rivalités confessionnelles : le péril viendrait de ceux qui voudraient encore tout laïciser, non seulement l'exercice de la charité, l'éducation des petits enfants, la prévoyance, mais le culte même. Autrement dit, la guerre religieuse ne saurait venir que de ceux qui, à force de suspecter, de redouter, de gêner les croyances et les pratiques religieuses, provoqueraient une résistance plus ouverte et plus ferme que celle qu'ils ont jusqu'ici rencontrée devant eux. Ceci nous amène au cœur même de la question.

La guerre préventive et les griefs
d'un parti

Quand on souhaite la paix, il faut, le plus possible, en parler pacifiquement. C'est par malheur ce qu'on ne fait pas toujours. Pour ne pas nous exposer à l'oublier, cherchons dans quelles circonstances et par suite de quels malentendus la paix religieuse a été troublée dans notre pays, comment des gens qui n'étaient point des fanatiques ont pu se laisser aller à des procédés hostiles à l'égard du culte, de ses ministres et de ses fidèles. Si nous pouvions constater objectivement que ces circonstances-là n'existent plus, nous aurions déjà lieu, semble-t-il, de pronostiquer un avenir plus rasséréné. En rappelant les principaux épisodes de la lutte et leur liaison, souvenons-nous d'ailleurs qu'il faut peu de chose aux Français pour perdre le souvenir des coups qu'ils ont reçus.

Reportons-nous à l'issue de la guerre précédente, de la guerre de 1870. Il arrive quelquefois que le malheur rapproche; mais il arrive aussi que la défaite divise, et, pour nous, en 1870, ce fut là le cas. Un parti très ardent voulut remonter à tout prix le courant conservateur de l'Assemblée nationale. Il entendit fonder définitivement la République : c'était son droit, et pour y tendre il avait à faire valoir des raisons qui n'étaient point méprisables. La plus importante — il est inutile d'y revenir — était la coexistence de deux dynasties, dont l'une, qui avait semblé d'abord devoir être la préférée, souffrait elle-même d'une scission profonde. Le boulangisme essaya de rallier tous les mécontents et tous ceux qui voyaient les vieux cadres désertés : l'échec fut aussi peu glorieux qu'il fut mérité. C'est au milieu de ces agitations que le parti républicain agrandit sa voie et poussa son offensive. Par une de ces hardiesses qui, dans les affaires humaines, réussissent quelquefois mieux — pour un temps — que la stricte droiture, il tint à persuader les gens qu'il avait dans l'Eglise catholique un ennemi systématique, un ennemi par lequel il voulait se faire déclarer la guerre : ou plutôt il la lui déclarait lui-même et il y allait bon train.

On rendra plus tard pleine justice aux partis conservateurs qui avaient alors à rivaliser de bonne volonté pour relever les ruines du pays. Ni l'un ni l'autre de ceux-là n'abdiqua sa liberté ni ne compromit les libertés générales de la nation. L'un d'eux aima mieux laisser tomber les espérances monarchistes qu'il partageait plutôt que de suivre jusqu'au bout le prétendant qui, le drapeau blanc à la main, refusait de tenir compte de traditions plus récentes, mais non moins chères au pays. L'autre demanda par-dessus tout que la République fût ouverte et habitable pour tous. Le serait-elle ou ne le serait-elle pas? Il attendait, il regardait à l'horizon, et, devant ce qui se passait, il ne se sentait pas très rassuré. Dans ces conditions, oui, sans doute, on devait se dire que le nouveau régime ne pouvait pas compter bien vite sur l'appui ostensible et déclaré de l'Eglise.

Mais de là à prétendre que les catholiques et même les ecclésiastiques étaient tous des monarchistes ou des bonapartistes, il y avait très loin. L'assertion était peut-être encore moins vraie pour les ecclésiastiques que pour les laïques. Dans tous les cas, dans une période où la république allait être votée à une voix de majorité, les opinions de chacun étaient libres, et il était étrange de traiter de factieux quiconque était suspect de souhaiter le succès d'une moitié (ou à peu près) de la nation. Mais les hommes foncièrement religieux demeuraient, il faut le redire, plus perplexes que passionnés. Ils ne pou-

vaient guère, dans les campagnes et dans les petites
villes, heurter de front leurs coreligionnaires qui se
trouvaient être, en majorité, des conservateurs; ils
n'étaient, d'ailleurs, pas assez certains de l'orienta-
tion vers une politique rassurante du groupe de plus
en plus dominant, pour pouvoir se rallier ostensi-
blement à un parti qui, certainement, ne lui tendait
pas les bras. Dans cette incertitude, l'Eglise se sou-
venait surtout qu'elle était, par devoir, amie de la
paix, de la paix des âmes s'entend. Le prêtre français, le plus dévoué de tous à sa mission spirituelle,
n'avait pour y penser qu'à se rappeler les invoca-
tions qu'il répète à chaque instant dans ses communications directes avec le Christ. Souhaiter l'apaisement, souhaiter la fin des divisions, les voir tout
au moins s'adoucir, c'est toujours là ce que j'ai vu
après comme avant le 16 et le 24 Mai. J'ai passé
alors dix ans de suite en une même ville qui a toujours compté comme particulièrement représenta-
tive de l'esprit français. A coup sûr le mot de Gam-
betta : « Le cléricalisme, voilà l'ennemi ! » avait
surpris et froissé beaucoup d'esprits modérés.
Ceux-ci s'étaient crus à un moment où la République était comme une page où l'on avait moins
écrit ou récrit qu'effacé — et aussi un peu brouillé;
— ils s'étaient dit que le pays était parfaitement
libre d'y insérer des choses de nature à contenter
tous les braves gens et à leur donner l'envie de s'y
tenir. Une majorité d'abord très faible, puis crois-
sante, crut devoir confondre les intérêts généraux
de la République avec ceux d'un parti qui la voulait
à son idée et qui considérait comme factieux ceux qui

la comprenaient d'une autre manière; ces derniers
pourtant, je le répète, n'étaient ni si partiaux ni si
peu accommodants. Lorsque Léon XIII invita ses
fidèles à distinguer entre la constitution et la légis-
lation et à accepter la première pour concentrer
tous leurs efforts sur la seconde, j'ai bien rencontré
des hommes — ecclésiastiques ou laïques — qui
soutinrent, malgré le Pape, que la mauvaise légis-
lation était le fruit naturel d'une constitution défec-
tueuse; mais dans les rangs du clergé et chez ceux
qui le suivaient le plus docilement on ne fut pas si
intransigeant. Il arrive souvent que plus les hommes
sont sceptiques sur les vérités essentielles, plus ils
sont obstinés sur ce qui est d'une valeur douteuse
ou ne vaut que pour leur propre personne, et que
plus ils sont épris des vérités fondamentales, uni-
verselles, plus ils inclinent à être sceptiques sur ce
qui est partiel et momentané. Quand je causais, à
l'époque la plus troublée, avec le vénérable curé de
ma paroisse de Dijon, il me disait : « On demande à
revenir à une autre forme de gouvernement. Mon
Dieu! ça irait peut-être mieux, ça irait peut-être plus
mal. » Je suis absolument convaincu que tel était
l'état d'esprit de ce cléricalisme dont on faisait si
grand bruit et qu'on tenait à accuser — pour le
noyer — d'une rage dont il tenait, au contraire, à
pouvoir se préserver. Avant comme après l'acte du
cardinal de Lavigerie, on semblait dire : « Surtout,
qu'ils n'aient pas l'air d'être avec nous ! Nous aimons
mieux les avoir comme ennemis que comme amis;
et pour être plus sûrs de les avoir pour ennemis,
nous allons avoir soin de les traiter comme tels. »

L'extension de la guerre antireligieuse

Pourquoi donc cette guerre préventive? Ceux-là surtout qui n'aiment aucune espèce de guerre ont intérêt à se le demander.

Au fond, en face d'une religion positive et surtout en face de la plus positive de toutes, il y a toujours ce fait que le Christ énonce douloureusement : « *Oderunt me gratis*, ils m'ont haï gratuitement. » Ceux qui refusent de voir en lui un être divin, mais qui le proclament, avec Renan, le plus grand des hommes, sont encore obligés de faire attention à cette parole. Elle ne s'applique pas seulement à l'inspirateur de l'Evangile : elle s'adresse aussi à tous ceux qui, dans la suite des âges, en perpétuent les enseignements. Sous tout régime, il y aura toujours auprès du pouvoir, quel qu'il soit, une légion de pharisiens et de publicains, de jouisseurs et d'arrivistes, prêts à haïr gratuitement quiconque essaiera de les ramener vers des pensées plus austères ou plus désintéressées. Mais passons !

Un moment vint — trop vite — où la République, qu'on avait présentée comme devant être la chose de tous, devint la chose d'un parti. Là, on accorda la condescendance et la protection, puis la faveur, puis les privilèges, selon le zèle avec lequel était servi un certain groupe devenu un parti dans le parti. Dans le même esprit on se laissa aller à excuser, pour ne pas dire à glorifier, les crimes de la Commune, parce qu'elle avait travaillé, disait-on, à la défense de la République. Mais la République représentait, elle représente encore une société, un gouvernement, une patrie : l'anarchie représente exactement le contraire.

Beaucoup plus sérieuse et plus digne de discussion était la fraction de ceux qui entendaient bien établir une paix religieuse à leur idée, en substituant au catholicisme, au christianisme même, un esprit libéré de tout dogme et de toute aspiration surnaturelle. Ici comme toujours, après s'être divisé, on fut amené à se subdiviser.

S'il est un fait dont l'aveu soit devenu banal, c'est que le protestantisme essaya avec l'école la tentative qui ne lui avait point réussi avec les controveres du seizième siècle. Du moment où une Eglise quelconque est convaincue qu'elle est dans le vrai, on ne peut s'étonner qu'elle désire gagner à elle le plus grand nombre d'adhérents possible et qu'elle y travaille. Mais si elle y travaille par des moyens détournés, si elle rend de plus en plus difficile, par des interdictions légales, le recrutement de certains maîtres et la diffusion de leur enseignement, il ne peut qu'en sortir une série de mécontentements et d'agitations dont ne profitera que l'esprit de division. Il ne s'agira plus de ces controverses qui ont au moins l'avantage de stimuler les esprits, de les pousser à l'émulation, à la réflexion et au travail. L'action exercée sous prétexte de neutralité ne tend pas à modifier les croyances et à en interprèter différemment les symboles : elle tend à les vider de toute sève, à les dessécher, bref, à les supprimer pratiquement. En l'honneur de la liberté de conscience, on se préoccupe scrupuleusement de ceux qui ne croient à rien, de ceux qui oublient que la conscience a besoin d'être formée comme tout le reste et qu'on ne la forme pas dans le vide. Que dans un village de la Bretagne, ou de la Vendée, ou de la Lozère... ou d'ailleurs, sur quarante enfants d'âge scolaire il y en ait deux dont les parents déclarent ou laissent inscrire qu'ils se passent de toute influence religieuse, c'est pour la liberté de conscience de ces enfants qu'on imposera, s'il le faut, des centimes additionnels à la commune. Quant aux trente-huit autres, on leur dira que la religion est une chose strictement individuelle et qu'ils ont à s'en tirer comme ils pourront.

« Ils ne s'en tireront que mieux », dit-on, s'ils suppriment décidément toutes ces idées que la moindre vie chrétienne conserve encore et où certains persistent même à entretenir un reste de cléricalisme protestant : ils feront place nette au sentiment de leur droit individuel, au droit qu'a chacun de vivre sa vie ; en n'acceptant ni Dieu ni maître, ils feront place nette à l'action du progrès nécessaire, universel, infaillible, à l'esprit de solidarité de ceux qui pensent que, pour être traités justement dans la vie, il faut se débarrasser de toute illusion sur une soi-disant justice ultérieure à espérer d'un monde dont personne ne sait rien. Malheureusement les idées ont la vie dure ; mais quand on en trouve une contre

laquelle on se croit des griefs, on la dénature en la
déplaçant : c'est tout ce que l'on peut faire. On affirmait donc de plus en plus que la religion est chose
individuelle, comme la fantaisie, comme l'appétit,
comme l'abandon à une nature essentiellement bonne
en soi. Et en même temps on voulait que dans l'ordre
humain et temporel tout fût collectif, travail collectif, engagements et contrats collectifs, prévoyance
collective, propriété collective, etc. A ces dernières
visées, il faut dire que certains catholiques, les
jeunes principalement, firent beaucoup de conces-
sions et même des avances aussi candides que gé-
néreuses. Là encore, la main tendue ne trouva
qu'un accueil assez dédaigneux : et finalement rien
ne semblait devoir arrêter la coalition d'où partait
contre la société religieuse la vague dévastatrice
que l'on sait.

Le vent qui la soulevait venait, à la vérité, de loin.
La plupart des entreprises menées en Europe contre
les libertés religieuses n'étaient qu'autant d'éditions
successives de la constitution civile du clergé. Tout
ce que l'on a vu, par exemple, lors de la dissolution
des congrégations, de la confiscation de leurs biens,
de la campagne des inventaires, de l'essai de création
d'associations cultuelles, n'était que la répétition de
ce qui s'était passé en Suisse, en Prusse... et ailleurs.
Le tout sans omettre la campagne de calomnies sans
exemple contre toutes les formes de la charité catholique et contre les plus difficiles à remplacer. Rien
de plus aisé à comprendre, puisque tous les plans
avaient été conçus et étaient imposés par une même
faction cosmopolite. Qu'il nous suffise maintenant

de rappeler que ce fut là le point culminant de la guerre. Des symptômes d'apaisement ne tardèrent pas beaucoup à se faire sentir.

Ils furent de deux sortes. D'un côté on perdit des illusions ; de l'autre on perdit des préjugés.

La fin de vieilles illusions belliqueuses
Le progrès de nouvelles idées

On perdait déjà des illusions sur la valeur du Kulturkampf et sur les résultats des mesures entrant généralement dans ce genre d'exercices. On en perdit sur la possibilité de faire agréer, avec des moyens humains, un même ensemble de croyances — ou d'incroyances — par tous les esprits quels qu'ils soient, par les jeunes et par les vieux, par les sages et par les fous, par ceux qui ne connaissent encore que le plaisir et par ceux qui souffrent, par ceux qui ne pensent à rien et par ceux qui réfléchissent, par ceux qui tiennent aux affections et par ceux qui s'en désintéressent, par ceux qui ont des ambitions et par ceux qui n'en ont pas, par ceux qui sont perpétuellement résignés à tout ce qui arrive et par ceux qui se laissent faire pendant quelque temps, mais qui, un jour, se jettent tout d'un coup de gauche à droite ou inversement et risquent ainsi de faire chavirer le navire.

Dans une enquête récente du recueil intitulé *la Renaissance*, M. Ferdinand Buisson affirmait la nécessité d'une politique vraiment libérale et écrivait : « L'heure est venue de renoncer au mauvais rêve de l'unité. » Il ne déplaira pas de prendre acte de l'aveu. A la vérité, M. Buisson confond peut-être ici deux choses qui ne méritent pas de l'être. L'unité est un idéal dont il convient d'être épris et, si ce n'est présentement qu'un rêve, c'est tout au moins un beau rêve. Ce qui mérite moins d'enthousiasme, c'est l'unification par l'action administrative, par la pression d'une politique d'autorité extérieure et contraignante. Trop dégagé, à notre sens, des réalités chrétiennes, M. Buisson n'en est pas moins — comme l'était Félix Pécaut, une autre autorité du même groupe, — imbu d'idées élevées, ami de la tolérance, en faveur de laquelle il a écrit ; et s'il abuse assez souvent des « distinctions », il convient de n'y voir que l'effet de scrupules qui le sollicitent en sens divers. Lorsqu'il souhaitait l'unité, qui lui paraît aujourd'hui une chimère, il usait de son droit naturel. Les catholiques, de leur côté, sont tenus de savoir que le Christ s'est réservé à lui seul le pouvoir d'amener dans sa bergerie ceux qui ne reconnaîtront plus qu'un troupeau et qu'un pasteur. C'est pourquoi ils doivent regretter toutes les tentatives d'unification obligatoire, qu'elle soit cléricale ou laïque.

En revanche, tout le monde a vu un symptôme de pacification dans le concours donné par certains hommes (et par celui-là même que je viens de nommer) à la campagne proportionnaliste. On a pu voir là un heureux symptôme de pacification : le favoriser était reconnaître que le nombre n'est pas tout. L'idée, sans doute, était combattue, et précisément par ceux qui tenaient le moins à la pacification, mais ceux-là ne manœuvraient guère qu'en se tenant sur la défensive.

Dans l'ensemble du pays, c'était déjà beaucoup que de suivre avec intérêt les progrès de la réforme, d'en voir, dans certains de nos corps élus, des applications toutes spontanées, et de ne plus trop résister à certaines autres dans le domaine de la charité et dans celui de l'enseignement populaire. La campagne proportionnaliste avait ainsi la vertu de rapprocher en une action commune, en vue de l'équité commune, des hommes qui, en bien des questions, étaient encore très divisés.

Les progrès de l'idée syndicaliste sont-ils à mettre, eux aussi, au nombre des actions pacificatrices? L'affirmer et même simplement se le demander eût paru bien naïf, il y a quelques années ; dans ces jeunes syndicats, aujourd'hui encore très imparfaits, dont une minorité avait pris l'initiative, tout était à la guerre : guerre des syndiqués contre les non-syndiqués, guerre des syndicats les uns contre les autres, guerre des syndicats contre l'Etat, contre le public... Il y a eu cependant une détente. D'où est-elle venue? De ce que la jeunesse catholique, en général, s'est montrée amie des syndicats et qu'elle y a même déployé un zèle jugé parfois téméraire. Dans les débuts il y eut là comme un ralliement social presque aussi suspect que le ralliement politique ; on se défiait de l'un comme de l'autre ; car ceux qui fondent les premiers un groupe quelconque le font trop souvent dans un intérêt personnel, et ils choisissent avec un soin jaloux ceux dont ils entendent bien faire des coopérateurs dociles aux moindres de leurs idées. Seulement, parmi ces idées il en est qui passent au-dessus d'eux ; et parmi ces coopérateurs il en est qui aiment mieux obéir aux principes vrais qu'aux ordres de ceux qui, en les formulant et en usurpant le pouvoir de les appliquer, les ont altérés et compromis. Ainsi, pour ne pas verser du côté de la révolution catastrophique qui eût provoqué le retour de « la réaction » tant redoutée, la cause syndicaliste était bien obligée, par la force des choses, de s'orienter insensiblement vers quelques principes dominants. Le premier est qu'un groupement n'est pris long-temps au sérieux que s'il est composé de gens sachant et connaissant expérimentalement ce qu'ils veulent. Le second est que, s'il se développe autour d'intérêts éprouvés et servis par lui avec dévouement, il a, par ce seul fait, le droit de compter de plus en plus devant l'action gouvernementale, administrative et bureaucratique.

Ces deux notions avaient incontestablement assez de prix et assez de vigueur pour faire leur chemin d'elles-mêmes et contracter des alliances destinées à devenir fécondes. Pour qu'un syndicat ait le double avantage d'inspirer le respect et d'inspirer la confiance, il convient qu'il puisse avoir, non seulement le droit à l'existence légale, mais des moyens d'action ; il convient aussi qu'il offre par là même des garanties. Des précautions prises contre la violation des engagements ne sont pas plus injurieuses à l'égard des groupes qu'elles ne le sont à l'égard des individus. Si vingt personnes séparées ont chacune de leur côté le droit de posséder et le droit de léguer ce qu'elles possèdent, on ne voit pas comment ces vingt personnes et vingt autres encore ne pourraient exercer ensemble ces deux droits, d'autant que l'usage fait de ces ressources collectives est beaucoup plus facile à contrôler et à juger que l'emploi fait individuellement de sommes se répartissant çà et là avec un secret beaucoup plus facile à garder. Voici même qu'au Conseil d'Etat on estime caduques les précautions prises autrefois contre les dangers, réels alors, mais dissipés aujourd'hui, de la mainmorte ; car elle ne confère plus ni droits spéciaux, ni privilèges : elle s'exerce, tout le monde le sait, sous forme de valeurs mobilières infiniment plus que sous forme d'immeubles, et « en ce qui concerne ces valeurs, notamment la rente, on peut soutenir que la mainmorte, loin d'être un danger, peut contribuer, par le classement définitif des titres, à consolider le crédit public (I) ». Devant ces déclarations appuyées d'autorités indiscutables, il ne faut pas s'étonner si on désire, en quelque sorte, donner de l'air à la politique des associations et des fondations comme à la politique des syndicats, à chercher là, de bonne foi, les moyens de restituer à l'Eglise une bonne partie de ce qui lui est nécessaire pour vivre de sa vie propre et, en premier lieu, entretenir ses temples, ses chapelles, ses fondations charitables.

---

(1) Hébrard de Villeneuve (président de section au Conseil d'Etat). Communication à l'Académie des sciences morales et politiques, 17 janvier 1914.

Pour en venir là, pour s'y laisser amener un beau jour, il fallait évidemment avoir perdu insensiblement, comme je l'ai dit, des illusions et des préjugés. On perdit en effet des illusions sur la vertu de la charité impersonnelle, de la bienfaisance rémunérée, de la lutte purement administrative ou judiciaire contre l'immoralité ; on perdit des préjugés à l'égard du péril que les religieuses qui soignent des malades ou des miséreux étaient censées faire courir à la liberté de conscience et sur les prétendus abus dont personne ne pouvait apporter la preuve. A un certain moment, sur tous les points du territoire, on a provoqué des dénonciations et des plaintes. Qu'a-t-on trouvé? Quelques bâtisses exagérées, a-t-on dit, quelques petitesses individuelles, quelques survivances de ces sentiments trop humains de rivalité, de curiosité, d'esprit de corps un peu étroit, un peu vaniteux, un peu jaloux, qu'on trouvera partout où il y aura des hommes et des femmes. Mais par-dessous, si on y regardait de près, qu'y avait-il ? Des enfants mis à l'abri, des douleurs apaisées, des désordres prévenus ou réparés, des misères soulagées. Les plus défiants le voient bien à la longue, et c'est pourquoi leurs règlements se détendent peu à peu ; et, à leur tour, comme ils ont à calculer de quelles misères leurs millions accumulés ont tant de peine à venir à bout, ils acceptent sans bruit des collaborations dont ils ont appris à ne plus tant se défier. Les conseils municipaux, à commencer par celui de Paris, les invitent périodiquement à entrer dans cette voie, au cours de laquelle on ne trouverait que le bien offert également à tous...

D'autre part, les hommes politiques sentaient à quel point la population métropolitaine manquait d'enfants, c'est-à-dire de recrues pour la puissance ou militaire ou industrielle de la nation ; les causes morales de ce déficit si alarmant ne leur échappaient pas. Ils connaissaient aussi les services que les religieux savaient rendre au loin dans notre domaine colonial et dans nos pays de protectorat plus ou moins disputé... Ils estimaient que là leurs collaborateurs en froc et en soutane n'étaient pas assez nombreux, pour y résister longtemps à la concurrence étrangère. Ils cherchaient timidement les moyens de les encourager dans leur apostolat... lointain.

Un exemple mémorable de ces progrès est dans la série des remaniements apportés depuis douze ou quinze ans au projet de loi sur la surveillance des établissements privés d'éducation et d'assistance. Le projet avait débuté par des mesures qui eussent été autant de coups mortels à la liberté du dévouement et de la bienfaisance ; en 1914, il avait reçu, de rédaction en rédaction, d'amendement en amendement, une forme très acceptable. De tous côtés on comprenait qu'il y avait aussi beaucoup à faire pour assurer l'existence de ces monuments religieux, dont la barbarie étrangère n'avait cependant pas encore tant ravivé l'amour et le respect. Enfin, à la présidence du congrès libre d'assistance de Montpellier, le représentant du Conseil d'Etat, de cette grande compagnie qui a déjà tant fait pour encourager les recours contre l'arbitraire et l'irresponsabilité du pouvoir exécutif, ne craignait pas de dire, en l'année 1914 : « Il est temps de revenir au droit commun, en commençant par les associations de bienfaisance... en leur octroyant le bénéfice de la personnalité civile complète, en leur appliquant un régime fiscal en rapport avec leur nature, leur but, l'origine et l'affectation de leurs ressources... conformément à des principes généraux. »

Telles étaient les perspectives où l'on aimait à regarder l'aube encore indécise d'une pacification religieuse, lorsque la guerre éclata. La pacification naissante n'a pas nui, loin de là, aux gloires et aux succès de la guerre étrangère ; l'heureuse issue de cette guerre, lorsqu'elle sera consacrée, ne nuira pas à l'affermissement de la paix intérieure.

Vertu pacifiante de la liberté d'association

Rappelons-nous toutefois que, si la trêve est conclue souvent avec l'espoir de préparer la paix, souvent aussi elle est suivie d'une reprise ardente des hostilités. Il y a des gens qui s'arrangent pour tirer parti de la guerre et qui donc ne demandent qu'à la rallumer. Mais plaçons-nous au point de vue des pacifiques. Ce qu'ils auront toujours de mieux à faire sera de travailler à consolider les avantages acquis et à en tirer le parti le meilleur possible, sans rien de prématuré ni d'excessif. Pour cela il importe moins de s'abandonner à ces élans d'imagination ou de sentiment qui passent quelquefois très vite, que de considérer les changements d'où sortent, malgré les résistances, des situations nouvelles, des états nouveaux, des accords (ou des conflits) nouveaux.

Le plus important de tous les changements, celui qui n'est point encore achevé, mais qui se poursuit avec un succès croissant, c'est celui qui a rompu avec le système issu de la Révolution française et qui ne laissait à l'état de forces organisées que l'Église, d'un côté, l'État, de l'autre, sans rien d'indépendant et d'autonome entre les deux. Toutes les fois donc que l'Église réclamait son droit ou usait de ce que le pouvoir civil voulait bien lui concéder pour l'éducation des enfants, pour l'exercice de la bienfaisance, pour la consolidation des fondations pieuses ou charitables, on entendait s'élever des plaintes — toujours les mêmes — qui pouvaient se résumer ainsi : « Vous n'enlevez rien au monopole de l'État que pour le donner à l'Église privilégiée. » Les plus libéraux ajoutaient : « Le privilège même, qui laisse tant de gens en dehors de l'action libre, ne voyez-vous pas qu'en définitive il est sans cesse rétréci et altéré par des limitations, des surveillances, des prohibitions, des demandes — menaçantes — de services, qui laissent l'Église plus domestiquée qu'affranchie? En attendant, continuait-on, les individus qui ne comptent que comme des individus, citoyens pourtant, ils ne peuvent rien faire que par la permission de l'une ou de l'autre des deux puissances. Si l'État semble se relâcher de son monopole et concéder en dehors de lui quelque liberté, tout le monde sait, tout le monde voit que l'Église seule est en mesure d'en profiter. »

Qu'il n'y eût rien à répondre à cela, ce n'est pas ce qui est évident de manière à ne comporter aucune réserve ; mais ce qui — en fait — est certain, c'est que la réplique était bien spécieuse et qu'elle provoquait des conflits peu favorables à la paix. De qui donc émanaient ces plaintes ? Non seulement des partis de la gauche avancée, mais de presque tout le centre gauche et d'un grand nombre d'hommes qui, tout en professant des idées conservatrices, en usant même du secours religieux pour eux et pour leurs enfants, se défiaient beaucoup de la liberté d'enseignement pure et simple. « Telle qu'on l'offre, disaient-ils, elle ne peut profiter qu'à certaines congrégations. Devant leurs ressources de toute nature et celles de l'État, rien n'est d'autre possible. » C'est pourquoi ceux qui tenaient à une Université qui ne fût ni antireligieuse, ni — pour employer le mot courant — cléricale, craignaient souvent d'être entraînés soit d'un côté, soit d'un autre. Ces arguments-là, les hommes de mon âge les ont entendus à satiété. C'est là ce qui excitait les plus hostiles et ce qui servait à intimider un grand nombre d'indécis. Or, le raisonnement ainsi répété à l'endroit de l'enseignement, beaucoup l'opposaient également à la liberté des associations et des fondations, bref, à tout ce qui, étendant nominalement le droit commun, ne pouvait, disait-on, profiter qu'aux catholiques organisés sous la surveillance étroite de l'Église et de sa fraction la plus militante.

D'où venait donc, aux yeux du public, la force de l'argument ? Encore une fois, rien de plus clair : Elle venait des entraves si longtemps mises à la liberté d'association et à la liberté syndicale. Sans doute, les lisières sont enfin tombées ; mais, par suite d'une longue habitude, beaucoup en sentent encore la gêne et le frottement, et beaucoup aussi considèrent encore trop les unions professionnelles ou autres comme une arme de combat plutôt que comme un outil. Au fur et à mesure que la liberté des associations et des fondations entrera, par la porte du droit commun, dans les mœurs générales, l'argument perdra de sa force. Il ne s'agit plus seulement d'imaginer quelques amendements, de faire ici ou là quelques trouvailles heureuses dans les applications possibles de la loi, ni enfin de montrer que les catholiques sont plus amis qu'on ne le croyait de l'entente libre des travailleurs. Ce qui se prépare de longue date, à la place du Concordat violemment aboli entre l'Église et le gouvernement, c'est un concordat entre l'Église et l'État vrai, celui des groupes laborieux et compétents. Ce concordat-là sera peut-être d'autant plus pacifique qu'il n'aura rien dû aux légistes et aux faiseurs de constitutions étroites, si souvent faussées par des articles organiques ou par des interprétations frauduleuses. Il sera d'autant plus pacifique qu'on y verra mieux quelque chose de naturel, de vivant, de souple, comme cette sagesse qui, en restant toujours la même, est seule apte à renouveler toutes choses en leur temps et en leur lieu.

A ceux qui verraient là une utopie, la réponse est toute prête : ce n'est pas autrement que les États-Unis, l'Angleterre, la Hollande, la Suisse ont établi et affermi dans leurs États une paix religieuse indiscutable ; et ce n'est pas autrement que la Belgique a pu faire durer si longtemps et finalement faire accepter un ministère catholique (1).

Le droit commun, le droit d'association pour tout le monde, excepté pour les malfaiteurs, c'est ce qui, dans l'état de l'humanité présente, pour ne pas dire de l'humanité de tous les temps, reste, en fin de compte, la plus sûre garantie de la paix. Seulement il faut que le droit commun soit bien le droit commun et que, si tel groupement professionnel revendique justement le droit d'agir en faveur de ses propres intérêts et de ses destinées, il ne s'arroge pas celui de régler à sa seule convenance les destinées des autres (2). Qu'on ne cherche pas, par exemple, à substituer à l'ancienne université impériale une sorte d'université collectiviste, devenue la propriété d'un syndicat unique ; car alors on reverrait les grandes batailles, au bout desquelles l'État reprendrait pour lui la charge de tout unifier à son idée. La solution vraiment pacificatrice, est plutôt dans la création libre de groupes locaux et régionaux : les uns visant surtout les intérêts populaires et confiant la majeure partie de l'enseignement aux compétences agricoles ou industrielles des départements et des communes, les autres s'adressant à la nouvelle aristocratie des chambres d'agriculture ou de commerce, aux syndicats éprouvés, aux conseils généraux renouvelés, à la richesse acquise et désireuse d'attacher son nom à de grandes œuvres, et

(1) Voir dans *la Revue hebdomadaire* du 3 juin 1911 mon article : *Le Bon d'enseignement (nouveau projet de loi scolaire en Belgique)*.

(2) Voir dans *la Revue hebdomadaire* du 25 juin 1910 : *Le Public et les syndicats*.

attendant de ces diverses énergies, soit des innovations techniques, soit des retours opportuns aux belles traditions d'art et de littérature trop oubliées. Des subventions raisonnables accordées, uniformément et de droit, à toute école qui, retenant un nombre d'élèves déterminé, prouverait par cela même qu'elle a su inspirer confiance et répondre à un besoin ; la rédaction de quelques programmes très larges et très simples, assurant le strict nécessaire à tout jeune Français, un contrôle et une inspection organisés sans esprit de corps, au nom de la patrie et de la morale, donc à l'abri des concurrences intéressées, voilà qui suffirait à assurer le rôle indispensable de l'État en face de ces libertés si désirées. A ce prix, elles deviendraient autant de conditions de toute paix et avant tout de la paix religieuse : car nul ne dirait dès lors qu'une liberté conquise sur la centralisation administrative ne peut profiter qu'aux congréganistes et qu'aux curés.

L'Église ne forme pas un parti
L'opinion d'Ozanam

Les congréganistes et les curés voudraient cependant se mêler de mieux en mieux (sinon de plus en plus) à la vie générale, comme ils se sont mêlés à la vie guerrière. Il faut s'attendre à ce que les ennemis d'hier (mettons qu'ennemis on ne le soit plus) et que les timorés d'hier, de demain, de tous les temps, leur demandent : « Comment allez-vous maintenant vous comporter? Serez-vous exigeants? Serez-vous défiants et ombrageux? Parmi les avis qui pourront être émis de côté et d'autre, quels sont ceux que vous accueillerez avec faveur? Est-ce que vraiment, avec cet amour de la logique et cette tendance à l'universel qui caractérisent l'esprit français, vous allez renoncer à votre propagande et à vos méthodes de conversion? » Ne nous bornons pas à retourner la question en l'adressant de notre côté à qui nous la pose. Reconnaissons nettement que ceux-là seuls qui ne tiennent à aucune idée n'ont à cœur d'en propager aucune; mais rappelons que pour faire introduire dans les conflits d'opinion cette sérénité intellectuelle, cette mutuelle charité qui leur ont manqué trop souvent, il suffit de penser aux leçons de l'Évangile, aux exemples des saints. L'un de ces derniers, envoyant de très zélés délégués au concile de Trente, où protestants et catholiques étaient aux prises, leur donnait l'instruction suivante : « Vous devez toujours faire en sorte que personne ne se retire moins disposé à la paix qu'il ne l'était au commencement. » Ce ne serait guère que généraliser et compléter la portée d'une telle parole que de dire : « Préoccupez-vous moins de jeter le mépris sur vos adversaires que d'attirer sur vos amis l'estime et la confiance. » Seulement ce sont là des conseils qu'on a beau se donner à soi-même et avec sincérité. Pour qu'ils ne soient pas trop méconnus, il est bon de se demander quelle est la méthode la plus pacifiante à adopter dans ces groupements très désirables où les individus ne sont plus abandonnés ni à leur timidité et à leur faiblesse, ni à leurs écarts et à leurs excès personnels. Pour servir la paix, l'Église doit-elle rester chez elle, avec ses œuvres à elle et, par exemple, avec ses syndicats exclusivement catholiques? Ou doit-elle se mêler à tous les intérêts, pour leur offrir indistinctement ses services et faire ainsi mieux apprécier ses enseignements et ses exemples? On sait que cette question a donné lieu à des controverses qui n'ont pas encore précisément pris fin. On sait que les plus hautes autorités n'ont pas encore dit leur dernier mot. Il n'y a pas lieu de s'en étonner.

A notre humble avis, il est permis d'étendre aux groupes sociaux ce qu'Ozanam disait des groupes politiques. Sachant très bien que la politique ne sera jamais le domaine de l'absolu, il ne souhaitait pas, il craignait plutôt de voir les catholiques former un parti unique (1). Il admettait parfaitement, il trouvait même très bon que les plus conservateurs et les plus hardiment curieux d'initiatives nouvelles formassent, à propos de tant de points encore douteux, des groupements partiels, libres de leurs moyens d'action et de leurs méthodes. Ainsi, on ne serait pas autorisé à prêter à un unique parti catholique telles imprudences commises par l'un ou par l'autre de ses divers représentants. Comment d'ailleurs ne pas avoir égard à la diversité des besoins, des périls, des ressources et à la diversité des problèmes qui se posent les uns après les autres, quelquefois — en apparence tout au

______

(1) Voir mon livre : *Ozanam et ses continuateurs*, p. 46 et suiv.

moins, devant la difficulté que nous éprouvons à tout voir, à tout concilier, — les uns contre les autres. Il est des moments où une armée qui ne veut pas se laisser entamer doit se retirer dans des citadelles fermées. Pourquoi? Parce que ceux qui lui ont déclaré la guerre sont trop nombreux et veulent absolument venir à bout d'elle par tous les moyens, par la provocation à la désertion, par la menace systématique, par la capture d'un certain nombre d'otages qu'on terrorise, par un ensemble d'accaparements destinés à affamer matériellement et spirituellement ses adversaires. Il est d'autres heures, heures de paix ou de trêve, dans lesquelles chacun est heureux de concourir à l'un ou à l'autre de ces buts où se sent également convié ce qu'il y a de plus honorable dans notre nature, où tous entendent servir la probité, la tempérance, la vie de famille, l'honneur de la patrie et aussi cette politesse et cette bienveillance attirante qui sont déjà des formes de la charité. Il y a des appels limités si strictement à des collaborations d'ordre général, pour la sécurité, pour l'hygiène, pour la satisfaction des besoins matériels impérieux, qu'il serait puéril et même coupable de mettre aucune condition à l'empressement avec lequel on doit y répondre. Il y a enfin de ces associations qui, bien unifiées, bien définies, bien disciplinées, ne refusent pas de se porter au-devant d'un autre parti pour assurer avec lui, dans un cas donné, en face d'un mal reconnu, des efforts collectifs et méthodiquement concertés. Si donc Ozanam a raison de penser qu'une certaine diversité de partis politiques ne provoquera pas avec tant d'âpreté *radicalisme contre radicalisme,* on pourra croire aussi à l'utilité d'avoir des associations variées et à l'avantage de les laisser, les unes et les autres, maîtresses de leurs concours extérieurs comme de leur discipline intérieure. Il est bon que tout cela soit libre, comme il est bon que les ouvriers et les patrons se réunissent en syndicats mixtes, s'ils le veulent; mais, s'ils ne le veulent pas, on s'en consolera en se rappelant une fois de plus que le meilleur moyen de rapprocher les hommes n'est pas toujours de les réunir.

De la souplesse et des progrès
des institutions catholiques

Qu'on ne regarde pas uniquement à tels ou tels épisodes de la vie religieuse contemporaine, qu'on veuille bien suivre la continuité de son mouvement général ; on verra comment cette variété, qui facilite les ententes, y a reçu, depuis une quinzaine d'années notamment, des encouragements inattendus. Dans la société strictement religieuse, sans doute, le Souverain Pontife a plutôt ordonné certaines unifications jugées nécessaires ; mais dans le monde on a vu se multiplier les groupements souples, mobiles, sans engagements étroits, à plus forte raison sans vœux, et qui se sont efforcés de remplacer, dans un

grand nombre de cas, des congrégations dissoutes.
Elles les remplacent en effet dans mainte œuvre
pieuse, comme les leçons complémentaires du caté-
chisme, la visite des pauvres et celle des malades
dans les hôpitaux ou à domicile, la formation d'ou-
vroirs et de vestiaires, l'organisation d'un apprentis-
sage formant de bons chrétiens en même temps que
de bons ouvriers, la protection de la jeune fille à la
recherche d'un gagne-pain honnête.... On a pu ainsi,
non seulement reprendre sous des formes assouplies
des tâches qui ne supportaient pas d'être interrom-
pues, mais répondre à des nécessités subites ou de-
venues subitement aiguës. On l'a fait sans recourir à
l'appareil qu'on reproche — avec tant d'exagération
d'ailleurs — aux congrégations immobilisées, à leurs
grandes maisons, à leurs clôtures, à leur mode de
recrutement, à l'autorité absolue de leurs supérieurs.
En réalité, les organisatrices de ces sociétés toutes
séculières n'ont eu en vue que le bien à faire autour
d'elles, au seul détriment de leurs loisirs mondains.
C'est par surcroît, c'est, pour ainsi dire, sans y penser, qu'elles ménagent les inquiétudes plus ou moins
feintes de ceux qui affectent de voir le pays envahi
par des associations séparées de la famille, aveuglé-
ment obéissantes et n'acceptant, dit-on, la pauvreté
individuelle que pour accumuler des richesses collectives. Les mères de famille et les jeunes filles
qu'elles destinent à les remplacer elles-mêmes savent
bien qu'elles ne pourraient suffire à toutes les œuvres
réclamées par la piété, par le soin des âmes et par
la bienfaisance ; elles n'aspirent nullement à remplacer tous les couvents ; mais elles sont heureuses de

montrer que l'esprit chrétien le plus actif peut circuler dans la société sans aucune singularité de vie ou de costume. Elles comblent par là cet espace qui séparait peut-être trop l'une de l'autre la vie du cloître et la vie du monde. Si donc, sans renoncer à des méthodes consacrées dès les premiers temps de l'Evangile, on enhardit quelques esprits faibles et enclins au respect humain, si on apprivoise quelques sectaires en leur enlevant plus d'un prétexte à déclamation et à tentative de prohibition violente, ce sera un motif de plus pour se féliciter de ces innovations, dont la paix religieuse, il faut bien l'espérer, ne pourra que bénéficier (1).

Comment la paix doit être conclue
et scellée

Elle en bénéficiera mieux encore si, dans la conservation de leurs traditions et aussi dans leurs difficultés, dans leurs incertitudes et dans leurs progrès, les catholiques se voient représentés par une autorité qui les défende par sa parole et qui réponde pour

(1) Voir, dans la collection de brochures de la *Société d'Economie sociale*, ma brochure intitulée : *l'Avenir des congrégations. Une nouvelle forme de la vie religieuse est-elle nécessaire ?* Paris, 1903.

eux. Rompre des relations diplomatiques, c'est déclarer la guerre ; les rétablir, c'est consacrer authentiquement le retour de la paix, de la paix qui, alors, en tout pays venant de cesser les hostilités, se met à l'œuvre pour arrêter à nouveau des « traités de commerce et d'amitié ». Dans l'intérieur d'un même pays, les œuvres n'acceptent plus qu'on leur dise : Chacun de vous défendra seul à seul, devant son patron, les conditions de son travail. Non, les travailleurs entendent se faire représenter collectivement par les chefs de leurs syndicats. Dans l'ordre spirituel, les catholiques font-ils autre chose, quand ils demandent à une hiérarchie compétente de déterminer ce qu'ils peuvent accepter ou non dans les enseignements qui intéressent les croyances et la moralité de leurs propres enfants ?

Est-ce seulement pour régler les rapports de leur culte national et de leurs institutions nationales que les catholiques demandent à leur gouvernement de reconnaître le Pape en leur nom et de traiter avec lui en leur nom ? Tout le monde sait que le Pape est, qu'on le veuille ou qu'on ne le veuille pas, le chef des catholiques de tous pays. C'est pourquoi la France laïque tout entière, la France civile et politique se sent en faute quand elle laisse s'ouvrir, sur les divers points du monde où elle a tant d'intérêts enchevêtrés, des tractations où les autres puissances interviennent sans elle et sont seules à se faire représenter. Il est clair en effet que, si ces puissances agissent sans nous, elles agiront contre nous : la chose est inévitable, en dépit des meilleures alliances politiques.

C'est là une vérité sur laquelle il n'y a plus rien à dire, mais où le nécessaire reste à faire. Tant qu'il n'aura pas été fait, la paix religieuse demeurera à la merci des imprudences des uns et des calculs tortueux des autres ou de leurs coups de tête improvisés. Ce qu'on appelle vulgairement « le mot de la situation » est des plus simples. Dans un récent panégyrique de Jeanne d'Arc, un prédicateur de renom (1) faisait connaître à ses auditeurs la parole d'un blessé auquel il était venu offrir dans la rue le témoignage de son respect et de sa sympathie. Le soldat, qui avait reçu à l'un de ses deux yeux une cruelle blessure, à demi cachée par un pansement, répondit par ce seul mot, accompagné d'une poignée de main : « Qu'est-ce que vous voulez, monsieur l'abbé, il faut bien que chacun y mette du sien. » C'est bien ce que la France a obtenu sans peine de l'armée. C'est ce que maintenant elle demande aux « civils ». Cette générosité ne les condamnera pas, eux, à voir moins bien, au contraire !

(1) M. l'abbé Vignot.

TABLE DES MATIÈRES

PARIS

IMPRIMERIE ARTISTIQUE « LUX »

131, boulevard Saint-Michel.